LE VATICAN

ISBN 978-88-8271-223-5

Direction éditoriale : Direzione dei Musei

Supervision des textes : Sandro Barbagallo

Rédaction : Ufficio Pubblicazioni Musei Vaticani

Références photographiques :
Foto © Musei Vaticani
Archivio Sillabe
Fabbrica di San Pietro in Vaticano (avec aimable autorisation, pp. 16, 18-29)
PubbliAerFoto (p. 6)

Réalisation éditoriale :
s i l l a b e s.r.l.
scali d'Azeglio 22 - 57123 Livorno - Italia
www.sillabe.it - info@sillabe.it

Giunti Editore S.p.A.
via Bolognese 165 - 50139 Firenze - Italia
via Dante 4 - 20121 Milano - Italia
www.giunti.it

Direction éditoriale : Maddalena Paola Winspeare, Claudio Pescio
Textes : Nicola Bianchini
Conception graphique : Susanna Coseschi
Rédaction : Giulia Bastianelli

Traduction : Marie-France Merger

Imprimé par la Tipografia Vaticana

Réimpression	Année
1 2 3 4 5 6 7 8 9 10	2013 2014 2015 2016 2017 2018 2019 2020 2021 2022

Nicola Bianchini

LE VATICAN

EDIZIONI MUSEI VATICANI

GIUNTI sillabe

LE VATICAN

La Cité du Vatican

L'État de la Cité du Vatican avec une superficie de 44 hectares seulement et une population de l'ordre de 800 résidents est le plus petit État souverain du monde. Ses frontières délimitées par les murs de Léon IV, voulus par ce pape au IXe siècle et plusieurs fois agrandis, et par la place Saint-Pierre, se trouvent entièrement à l'intérieur du tissu urbain de Rome et comprennent la Basilique Saint-Pierre, le palais Apostolique, le palais du Gouverneur, les Musées et les Jardins du Vatican, ainsi que d'autres édifices moins importants. À cela viennent s'ajouter des zones qui jouissent d'une extraterritorialité de l'État italien comme la basilique Saint-Jean-de-Latran, la Basilique Sainte-Marie-Majeure et la résidence du pape à Castel Gandolfo.
L'organisation institutionnelle présente au sommet le Souverain Pontife qui détient les pouvoirs législatif, exécutif et judiciaire. Le 'Gouvernatorat' correspond au pouvoir exécutif et administratif de l'État ; le Gouverneur est un cardinal nommé par le pape, dont il est le représentant direct lors des cérémonies officielles.
L'État de la Cité du Vatican est né formellement le 11 février 1929, avec la signature des Accords du Latran entre le Royaume d'Italie et le Saint-Siège ; grâce à ces accords, on reconnaissait l'indépendance et la souveraineté respectives des deux États ; le Vatican devenait ainsi un État de Droit international. Ces Accords qui furent signés par Benito Mussolini, pour le compte de l'État italien, et le cardinal Pietro Gasparri, pour le Saint-Siège, mettaient fin à ce qu'on appelait la Question romaine, née au lendemain du 20 septembre 1870, lorsque les bersagliers entrèrent par la force dans Rome, à travers la célèbre Brèche de la Porta Pia et qu'ils occupèrent militairement la ville, reléguant la cour pontificale à l'intérieur de la cité léonine qui échappa ainsi aux armes. Le texte des Accords du Latran a été revu en 1984 avec le Nouveau Concordat qui a été signé entre le cardinal Agostino Casaroli au nom du pape Jean-Paul II et le Président du Conseil, Bettino Craxi.
Le Vatican frappe sa propre monnaie, l'euro, et émet ses propres timbres postaux. Les organes d'information sont le quotidien *L'Osservatore Romano* et Radio-Vatican. Il existe un service de Gendarmerie pour la sécurité interne et un corps historique de Gardes Suisses pour la sécurité personnelle du Pape.
Le Vatican possède également un héliport et une courte voie ferrée qui a été inaugurée en 1934 et qui est reliée à la gare italienne de Roma San Pietro.

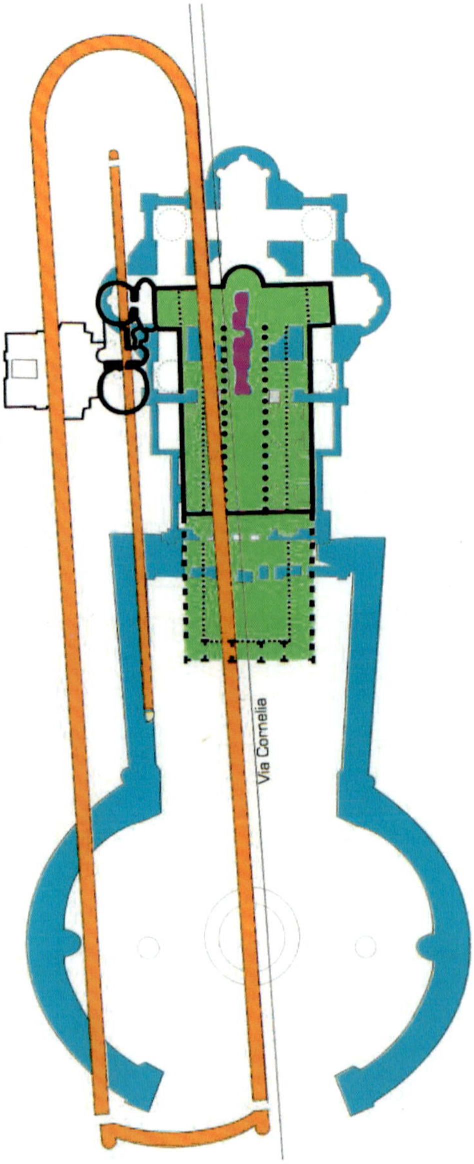

Cirque de Néron
Nécropole païenne
Basilique de Constantin
Basilique actuelle

Quelques rappels historiques

Le toponyme très ancien remonte à l'époque romaine et désignait une zone marécageuse à l'extérieur de la ville à laquelle on attribuait une vétusté mythologique.
À l'époque impériale, après les travaux de bonification, le marécage a laissé la place à des jardins nobiliaires et l'empereur Caligula y fit ériger un cirque qui fut agrandi par Néron pour entraîner les auriges. Le long des artères principales surgirent de nombreuses nécropoles ; c'est dans l'une d'entre elles, le long de la via Cornelia, redécouverte sous l'actuelle Basilique Saint-Pierre, que l'on a trouvé la tombe de saint Pierre. La présence de la sépulture de l'apôtre Pierre fit de l'endroit un pôle d'attraction et un lieu de pèlerinage incontournable, ce qui entraîna une expansion rapide de la nécropole. Cependant la zone fut totalement transformée en 324 lorsque l'empereur Constantin décida d'en aplanir la pente naturelle pour y construire une basilique commémorant le martyre de saint Pierre, et qu'il fit placer l'autel de cette basilique à la verticale de la tombe de l'apôtre. Quelques siècles plus tard, pour défendre le caractère sacré du lieu, le pape Léon IV (847-855) fit construire une enceinte fortifiée – les Murs Léonins – à l'intérieur de laquelle, sous le pontificat d'Eugène III (1145-1153) et d'Innocent III (1198-1216) on fit construire des palais. En réalité le siège pontifical se trouvait auprès de la Basilique Saint-Jean-de-Latran et ce n'est qu'après le retour de l'exil d'Avignon (1309-1377) que les papes décidèrent de résider de façon stable au Vatican.
Au cours du XVe siècle, de grands projets d'agrandissement de tout l'ensemble furent entrepris. Sixte IV (1471-1484) fit construire la Grande Chapelle, mieux connue sous le nom de Chapelle Sixtine et destinée à devenir le temple universel de l'art. Le Petit Palais du Belvédère fut construit sur les ordres d'Innocent VIII (1484-1492) et, au début du XVIe siècle, en 1506, Jules II (1503-1513) commença la construction d'une nouvelle Basilique Saint-Pierre, à la place de la 'fabrique' millénaire de Constantin qui menaçait de s'écrouler.
Le cours des siècles a contribué à agrandir et à enrichir l'ensemble grandiose des Palais du Vatican et de ses jardins splendides qui couvrent de verdure et de fleurs la colline située derrière la Basilique. Parmi les derniers chefs-d'œuvre d'architecture, rappelons la Salle Paul VI, plus connue sous le nom de Salle Nervi, du nom de l'architecte qui l'a créée et qui l'a fait aménager de 1966 à 1971, près de la Basilique Saint-Pierre. Ce grandiose auditorium, capable d'accueillir 12.000 personnes, est décoré de la monumentale *Résurrection du Christ* (1977), une œuvre en bronze due au sculpteur Pericle Fazzini.

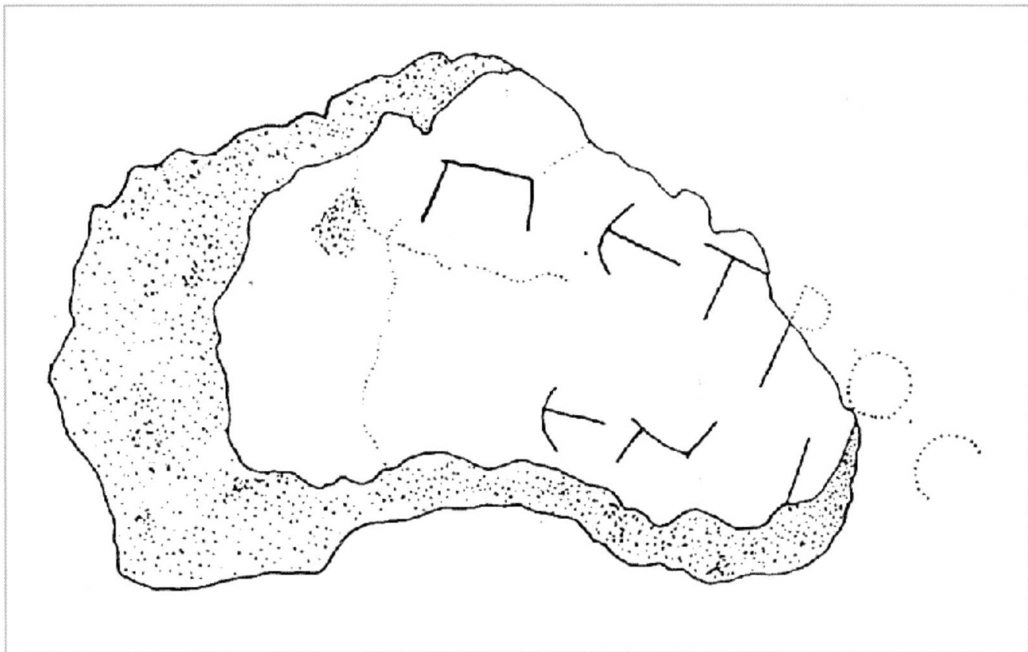

Reconstitution graphique d'un fragment d'enduit provenant du Mur Rouge avec l'inscription « Petros eni », « Pierre est ici »

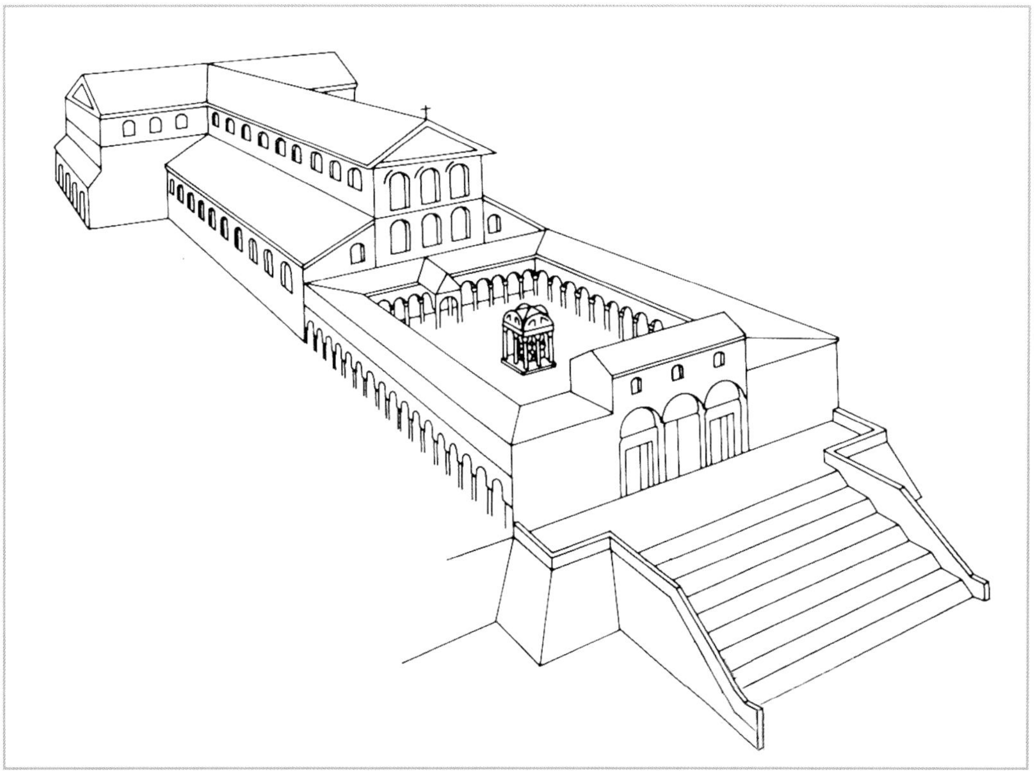

Reconstruction de la basilique de Constantin; au centre du quadriportique la fontaine de la Pigne

ONOREM·PRINCIPIS·APOST·PAVLVS·V·BVRGH IVS·ROMANVS ONT·MAX·AN·MD XII·PONT·VII

L'agrandissement de Carlo Maderno et la façade

Au début du XVIIe siècle, la question de l'agrandissement longitudinal de la Basilique, en alternative au plan central du projet de Bramante puis de Michel-Ange, s'est posée. Se fondant sur les prescriptions du Concile de Trente qui recommandaient la première solution, Carlo Maderno fut chargé de doter l'église de trois nefs, ajoutant ainsi trois travées monumentales et créant par conséquent le plus grand édifice de toute la chrétienté ayant une longueur de 218 mètres. La nouvelle façade, qui se développe sur une largeur de 115 mètres, fut achevée en 1614. Rythmée par des colonnes et des parastates selon la tripartition interne de l'église, elle s'ouvre au milieu par la Loggia des Bénédictions, c'est-à-dire le balcon duquel est annoncée l'élection du nouveau pape. En haut, au-dessus d'un attique, se dressent la statue du Christ avec, à ses côtés, celle de Jean-Baptiste et onze statues des Apôtres (il manque celle de Saint Pierre). Sur les côtés furent projetés deux clochers par Le Bernin mais on arrêta leur construction à la hauteur de l'attique. À l'intérieur se trouvent six cloches, dont la plus célèbre est certainement le *Campanone* : elle pèse presque 9 tonnes et son diamètre est de plus de 2 mètres.
À l'occasion du Jubilé de l'an 2000, la restauration a permis de révéler non seulement la splendeur naturelle du travertin, mais aussi les couleurs douces voulues par Maderno. Cependant l'élan d'origine, presque mystique, du projet de Michel-Ange, fut entièrement absorbé et annulé derrière l'écran de la nouvelle façade et seul le génie du Bernin, avec sa colonnade accueillante, le récupérera en partie, en éloignant l'axe de la perspective.

La place et la colonnade

C'est à partir de 1657 que commencèrent les travaux – d'après des dessins du Bernin – pour créer une zone adéquate qui allait permettre la mise en valeur de la grande Basilique ; tout cela entraîna des bouleversements urbanistiques importants dans l'ancien quartier du Borgo.
On fit construire deux ailes rectilignes et convergentes depuis la façade en direction de la place, qui guident et qui limitent en partie l'impact de la perspective de la grande façade de Maderno ; à partir de là s'ouvrent les deux bras de la majestueuse colonnade qui entoure, comme dans une accolade affectueuse, pour reprendre les mots de son créateur lui-même, une grande place en forme d'ellipse. Dans le projet du Bernin, la large ouverture vers l'Est devait être fermée par un troisième bras, qui aurait délimité deux accès latéraux plus petits, dans l'axe des directrices urbanistiques du quartier mais, du fait du manque d'argent, il ne fut jamais réalisé.
La destruction des édifices dans l'axe de la façade pour ouvrir la via della Conciliazione et la création de la grande place Pie XII au lieu de la piazza Rusticucci beaucoup plus petite brisèrent à jamais l'équilibre longtemps recherché par le Bernin, rendant vain l'effet scénographique spectaculaire et surprenant pour celui qui, quittant les petites rues du quartier du Borgo, arrivait sur la grandiose place Saint-Pierre.
Remarquons, au centre de la place, les deux grandes fontaines et surtout l'obélisque égyptien que l'empereur Caligula (37-41 ap. J.-C.) fit transporter à Rome.

Le portique

Avant d'entrer dans la Basilique on traverse le grand portique de la façade aux extrémités de laquelle se trouvent les monuments équestres de *Constantin* (à droite), du Bernin (1670) et de *Charlemagne* (à gauche) d'Agostino Cornacchini (1725) ; sur le côté principal s'ouvrent les cinq entrées à la Basilique. La porte centrale, la plus ancienne, se trouve en face de la mosaïque représentant *La Navicella*, exécutée d'après un dessin de Giotto pour la Basilique constantinienne et largement transformée au cours des siècles ; la porte est dite *Porte de Filarète* du nom d'Antonio Averulino – surnommé Filarète – qui la réalisa pour la Basilique primitive de 1439 à 1445 sur l'ordre du pape Eugène IV. Les six panneaux en bronze représentent le Christ, la Vierge Marie et quatre épisodes de la vie de saint Pierre et de saint Paul.

À droite, au-delà de la *Porte des Sacrements* se trouve la célèbre *Porta Santa*, qui est ouverte à l'occasion des années jubilaires. L'œuvre en bronze est due à Vico Consorti (1950). Du côté opposé, située à l'extrême gauche, il ne faut pas manquer la *Porte de la Mort*, un chef-d'œuvre de Giacomo Manzù de 1964. Elle doit son nom au fait que c'est de là que sort le cortège lors des funérailles du pontife ; sur les panneaux en bronze de la porte sont représentés des thèmes liés à la mort : la déposition du Christ et l'Assomption de la Vierge, les symboles eucharistiques, des épisodes de la mort d'Abel, de Pierre, de Jean XXIII (qui fut le commanditaire de la porte) et de Grégoire VII.

Le Bernin, *Statue équestre de l'empereur Constantin*, 1670

à gauche : Giacomo Manzù, *Porte de la Mort*, 1964
à droite : Vico Consorti, *Porta Santa*, 1950

L’intérieur

L’intérieur de la Basilique Saint-Pierre est tellement vaste que tous les visiteurs qui y pénètrent restent bouche bée : la longueur est de plus de 187 mètres, celle de la nef centrale de 90 mètres, sa largeur est de 26 mètres et la hauteur d’environ 45 mètres. L’immense vide sous la coupole est difficilement rempli par l’imposant baldaquin que le Bernin fit dresser au-dessus du maître-autel. Si nous parcourons la nef centrale en direction de l’autel, nous pourrons voir sur le pavement des repères indiquant la longueur des plus grandes églises de la chrétienté qui peuvent facilement être ‘accueillies’ à l’intérieur de Saint-Pierre.

Après avoir admiré la grandeur et la beauté harmonieuse de cet imposant édifice, commençons la visite par la nef droite.

Dans la première Chapelle se trouve la célèbre *Pietà* sculptée par Michel-Ange en 1499. Ce chef-d’œuvre qui est le summum du talent du Maître, exprime avec une habileté sans égale la douleur réservée de la Mère à l’égard de son Fils que l’on vient de descendre de la croix et qui est allongé sur ses genoux. C’est une douleur toute en silence, en méditation, en gestes inachevés. Le rendu anatomique incomparable du corps du Christ, fruit certainement aussi des études clandestines et attentives que le jeune artiste avait faites sur des cadavres à Florence, s’abandonne sur le rendu esthétique parfait des muscles, des tendons et des veines. L’abandon du corps sans vie du Christ se fond dans le sein maternel qui l’accueille de nouveau, comme s’il se perdait dans les plis infinis et souples du drapé de la robe de la Vierge. Le visage de la Madone qui, à l’époque, fut critiqué parce que trop jeune, veut être l’expression de la pureté inaltérable de celle qui est sans tache. Un fait curieux : à l’époque, Michel-Ange était un jeune artiste encore inconnu et pour faire taire ceux qui insinuaient que la sculpture était l’œuvre de Cristoforo Solari dit le ‘Bossu’ (Gobbo), il signa son chef-d’œuvre en travers de la poitrine de la Vierge.

Michel-Ange, *Pietà*, 1499

En poursuivant notre visite, nous trouvons la Chapelle Saint-Sébastien décorée par Pierre de Cortone, puis le monument funéraire de *Mathilde de Canossa* du Bernin, plus loin s'ouvre la grande chapelle du Saint-Sacrement, conçue par Maderno pour relier la nef à l'édifice de Michel-Ange. À l'intérieur se trouve un tabernacle doré dû au Bernin et datant de 1674 tandis que le retable représentant la *Trinité* est une œuvre de Pierre de Cortone.
Près du pilier de la coupole, il ne faut pas manquer la statue en bronze de *Saint Pierre bénissant*, que la tradition attribue au grand Arnolfo di Cambio.
Nous nous trouvons à présent dans le grand promenoir qui marque la limite du projet d'origine de la Basilique, autour du grand espace central sous la coupole. À l'intérieur se trouvent de nombreux monuments et de nombreux autels importants. Parmi eux rappelons : près du premier pilier, correspondant à la nef gauche, l'autel de Saint-Jérôme qui accueille la dépouille du pape Jean XXIII ; au-delà du transept le *Monument funéraire de Clément XIII*, une œuvre d'Antonio Canova. De l'autre côté, nous pouvons voir une copie en mosaïque de la *Transfiguration* de Raphaël, la Chapelle

Arnolfo di Cambio (attr.), *Saint Pierre bénissant,* vers 1300

Antonio Canova, *Monument funéraire de Clément XIII*, 1758-1769

Clémentine, où reposent les dépouilles de Grégoire le Grand et Pie VII.

Au-delà du transept se dresse le dernier chef-d'œuvre du Bernin, le *Monument du pape Alexandre VII*, qui fut réalisé de 1672 à 1678, alors que l'artiste était déjà très âgé. Ce monument très élaboré est constitué de matériaux de différentes couleurs et représente, en haut, le pape en prière, entouré de figures allégoriques : la *Charité* et la *Prudence* à gauche, la *Justice* et la *Vérité* à droite. Au centre, sous un lourd drapé en marbre rouge, apparaît la figure lugubre d'un squelette avec un sablier à la main, qui montre l'écoulement inexorable du temps et de la vie sur terre.

Le Bernin, *Monument du pape Alexandre VII*, 1672-1678 et détail : au premier plan la *Charité* et la *Vérité*

Le Bernin, *Baldaquin en bronze*, 1624-1633

Sous la grande coupole, arrêtons-nous devant le baldaquin en bronze du Bernin qui a été réalisé de 1624 à 1633 sur une commande du pape Urbain VII, de son vrai nom Maffeo Barberini. Cette œuvre atteint presque 30 mètres, une hauteur vertigineuse, la même que celle du Palais Farnèse. Pour réaliser la fusion de ces colonnes on utilisa les anciennes poutres en bronze du pronaos du Panthéon, ce qui donna lieu à la célèbre pasquinade : « Quod non fecerunt barbari, fecerunt Barberini » (« ce que les barbares ne firent pas, les Barberini le firent »), une allusion incontestable au pape Urbain VII.
Le baldaquin et l'autel se dressent exactement à la verticale de la tombe de l'apôtre Pierre, tout comme dans l'ancienne basilique, visible en grande partie en descendant la double rampe devant le presbyterium.

Dans l'abside, le génie du Bernin créa encore le très beau reliquaire de la *Chaire de saint Pierre* ; il abrite les restes d'un siège que la tradition a attribué pendant des siècles à l'apôtre (en réalité il s'agit d'un trône datant de 875, offert par Charles le Chauve au pape Jean VIII). Il est surmonté de rayons miroitants, d'angelots et de nuages dorés qui tirent leur lumière d'une fenêtre voilée faite avec des feuilles très fines d'albâtre ; au centre resplendit la colombe du Saint-Esprit.
Sur les côtés internes des piliers de la coupole se dressent les statues colossales de *Saint Longin* (une œuvre du Bernin de 1638), *Sainte Hélène*, *Sainte Véronique* et *Saint André*.

Le Bernin, *Chaire de saint Pierre*, 1656-1665

Le Bernin, *Saint Longin*, 1638

L'intérieur de la coupole est divisé en 16 compartiments et 16 grandes fenêtres laissent largement passer la lumière. Les décorations en mosaïque furent exécutées d'après des dessins du Cavalier d'Arpin et Giovanni de Vecchi : elles représentent le Christ, les Apôtres et aussi des évêques et des Patriarches. On peut voir l'inscription qui se déroule sur l'imposte : « Tu es Petrus, et super hanc petram aedificabo Ecclesiam meam et tibi dabo claves regni Caelorum » (« Tu es Pierre et sur cette pierre je bâtirai mon Église. Je te donnerai les clefs du royaume des Cieux »).

En revenant en arrière le long de la nef gauche, nous trouvons la Chapelle du Chœur, qui est identique à celle du Saint-Sacrement, toutes les deux sont précédées d'une grille monumentale due à Francesco Borromini.
Après le *Monument de Pie X* et la *Tombe d'Innocent VIII*, une œuvre d'Antonio del Pollaiolo, s'ouvre la Chapelle de la Présentation, et le Monument des Stuarts dû à Antonio Canova. Près de la façade désormais, la visite s'achève par la Chapelle du Baptême : construite d'après un projet de Carlo Fontana, elle fut décorée de mosaïques par Baciccio et Francesco Trevisani.

Les Grottes Vaticanes

C'est le nom que l'on a donné à la crypte qui s'étend sous la nef centrale de la Basilique actuelle, un peu au-dessus du niveau de l'ancienne Basilique constantinienne. À l'intérieur de ce lieu sacré aux nombreuses ramifications, reposent depuis le Xe siècle de nombreux papes, des saints et des souverains, souvent à l'intérieur de sépultures artistiques. Rappelons notamment le monument de *Boniface VIII* d'Arnolfo di Cambio, avec le Pontife en gisant, puis le tombeau de *Sixte IV* d'Antonio del Pollaio, puis ceux de l'empereur Othon II (mort en 983) et de la reine Christine de Suède (1626-1689).

Mais le cœur des Grottes est constitué évidemment par l'abside au milieu de laquelle se trouve la *Pierre commémorative de Constantin*, placée au-dessus de la Tombe de l'apôtre Pierre. Dans l'une des Chapelles de l'abside, signalons la *Madone de la Boule* de Pietro Cavallini.

Arnolfo di Cambio, *Monument de Boniface VIII*, vers 1296-1300

Chapelle de la Boule. Sur l'autel la *Madone de la Boule* de Pietro Cavallini

Chapelle Saint-Pierre et la *Pierre commémorative de Constantin*

La nécropole pré-constantinienne

À un niveau inférieur à celui des Grottes et de la Basilique primitive, dans l'axe de la nef centrale, on a mis au jour et étudié de 1940 à 1957 une riche nécropole remontant au Ier siècle après J.-C. La plupart des tombes sont en forme de mausolée, souvent avec un balcon à l'intérieur et de petites cours clôturées, et elles sont décorées de fresques et de stucs.

À la fin du parcours, à la verticale de la coupole, se trouve le *Campus Petri* (« Campo P »), avec un édicule et le *Mur rouge*, c'est à dire l'endroit de la sépulture de saint Pierre. Beaucoup d'indices – notamment l'inscription sur le Mur Rouge « Petros eni » (« Pierre est ici ») – ont conduit à cette hypothèse.

L'état de conservation exceptionnel de l'endroit est dû au comblement de la nécropole au IVe siècle pour niveler la pente de la colline du Vatican afin de construire la Basilique de Constantin. Après avoir restauré ces monuments, il a fallu installer un contrôle microclimatique rigoureux afin de maintenir une température constante permettant de conserver les décorations très délicates. C'est pour cette raison que la visite de la nécropole est soumise à des règles spéciales : seul un nombre limité de visiteurs est permis chaque jour avec une réservation obligatoire.

PAVLVS III PONT. MAX

LES PALAIS APOSTOLIQUES

Le Palais Pontifical

C'est ainsi qui est appelé le complexe d'édifices qui, depuis la place Saint-Pierre, rejoignent au Nord la partie des remparts de Paul III et d'Urbain VIII, là où se trouve l'entrée des Musées du Vatican.

Le noyau d'origine, commencé sur les ordres du pape Nicolas III (1277-1280) en forme de quadrilatère muni de tours autour de la Cour du Perroquet, s'est développé sans interruption au cours des siècles, impliquant les architectes et les artistes les plus talentueux de tous les temps.

Autour de ce quadrilatère primitif, furent construites la Chapelle Sixtine, la Tour Borgia et, sous le pontificat de Jules II, la grande Cour du Belvédère dessinée par Bramante, et une nouvelle façade très élégante pour l'austère palais de Nicolas III, ainsi que les célèbres Loges qui furent achevées et décorées par Raphaël.

De grandes interventions suivirent, surtout sur les ordres de Sixte Quint, lequel confia à Domenico Fontana la construction d'un nouveau palais, à l'Est de la Cour Saint-Damase, qui constitue actuellement la résidence du pape.

Parmi les dernières interventions monumentales, rappelons l'apport donné par le génie du Bernin (Gian Lorenzo Bernini) qui fit construire la Scala Regia, pour relier la Salle Regia au porche de la basilique Saint-Pierre. Cet habile architecte exploita des corrections très ingénieuses de la perspective pour obtenir une apparence de grande profondeur et d'aspect monumental, qui sont bien loin des réelles dimensions de l'escalier, vu l'espace très étroit où il est placé.

à la page 30 : Vue de la Sala Regia

Michel-Ange,
Conversion de Saül

La Chapelle Pauline

À quelques mètres de la célèbre Chapelle Sixtine se dresse la très belle Chapelle Pauline qui, malheureusement, n'est pas visitable ; c'est le pape Paul III qui la fit construire afin d'en faire sa chapelle privée. Elle fut réalisée par Antonio da Sangallo le Jeune et doit sa notoriété à deux fresques murales exécutées par Michel-Ange.

Celles-ci furent réalisées entre 1542 et 1550, un laps de temps très long, surtout si on le confronte à la surface des deux fresques. Mais l'artiste qui, à l'époque, avait déjà soixante-sept ans, eut de nombreux problèmes de santé qui l'empêchèrent de travailler de façon assidue aux deux œuvres ; en outre, un incendie éclata dans la chapelle en 1545, ce qui provoqua l'arrêt des travaux.

Michel-Ange,
Crucifixion de saint Pierre

Les deux chefs-d'œuvre représentent la *Conversion de Saül* et la *Crucifixion de saint Pierre* ; ils avaient été très endommagés par le temps, mais une restauration très récente a permis d'en apprécier pleinement leur expressivité extraordinaire et leur spiritualité tourmentée. Nous savons qu'à la même époque, Michel-Ange écrivait des poésies dans lesquelles il méditait profondément sur la mort – mort qu'il sentait imminente – et sur les doutes lancinants dans l'attente du jugement du Christ, le même qu'il avait peint avec tant de passion quelques années auparavant à deux pas de là. À la lumière de la mort qui devint une obsession ou presque, on comprend mieux l'importance que revêtit pour l'artiste le fait de donner forme à des thèmes comme la conversion et la mort pour la Foi.

MVSEI VATICANI
ENTRATA
ENTRANCE
ENTREE
EINGANG
USCITA
EXIT
SORTIE
AUSGANG
MUSEI VATICANI
CAPPELLA SISTINA

LES MUSÉES DU VATICAN

La Pinacothèque

C'est à l'intérieur du monumental édifice réalisé par Luca Beltrami en 1932 que la Pinacothèque du Vatican a trouvé définitivement sa place après une longue histoire tourmentée ; une longue histoire qui avait commencé en 1748 lorsque le pape Benoît XIV ouvrit au public la Pinacothèque Capitoline sur le Capitole.

À la suite du projet d'aménagement des collections de sculptures antiques, voulu par Clément XIV (1769-1774) et Pie VI (1775-1799), fut créé le futur Musée Pio-Clementino ; cela entraîna le retour au Vatican des peintures qui se trouvaient dans la Pinacothèque Capitoline et qui constituèrent ainsi le premier noyau de la Pinacothèque moderne. Elle fut extrêmement pillée par les troupes de Napoléon mais après le Congrès de Vienne, Antonio Canova se rendit à Paris pour récupérer ces biens : les tableaux qui manquaient étaient au nombre de 506, toutefois moins de la moitié seulement retournèrent à Rome.

L'exposition inadéquate des peintures ainsi que l'importance toujours plus grande des collections imposèrent de nombreux déménagements ; une nouvelle Pinacothèque, avec l'exposition de 277 tableaux, provenant de la pinacothèque du Latran, de la Vaticane et de l'ancienne Bibliothèque Vaticane fut inaugurée en 1909 par le pape Pie X, selon un parcours chronologique et rationnel qui, pour l'époque, fut considéré comme étant à l'avant-garde.

C'est seulement avec l'édifice de Beltrami que l'on a pu présenter au public 463 œuvres qui aujourd'hui sont réparties dans 16 salles et qui constituent l'une des plus vastes collections de peinture italienne et européenne depuis le XIIe siècle.

Dans la salle I sont exposées des œuvres de peintres italiens des XIIe et XIIIe siècles, dits 'primitifs'. Les peintures sont en général sur bois avec un fond doré.

Nicolò et Giovanni, *Le Jugement dernier*
détrempe sur bois
fin XIIe siècle

C'est l'œuvre la plus ancienne de la Pinacothèque et elle est d'un grand intérêt iconographique. De forme curieusement circulaire, en haut on peut voir le Christ Juge, en dessous, se déroulent de manière très ordonnée et symétrique les épisodes du Jugement. Dans le tableau inférieur se trouve la vision de la Jérusalem Céleste, avec la Vierge et les Âmes des justes et la représentation de l'Enfer avec les damnés.

Consacrée à la peinture gothique, la Salle II présente des chefs-d'œuvre de la peinture siennoise du XIVe siècle, avec des œuvres de Simone Martini et de Pietro Lorenzetti, de Gentile da Fabriano et surtout de Giotto.

Giotto et élèves, *Triptyque Stefaneschi*
détrempe et or sur bois
vers 1320

Ce triptyque est peint sur les deux côtés : sur le *recto* sont représentés saint Pierre sur un trône entre les saints Jacques, Paul, André et saint Jean l'Évangéliste tandis que sur le *verso* nous pouvons voir le *Christ en majesté* entre la *Crucifixion de saint Pierre* et la *Décapitation de saint Paul*. Signalons non seulement la recherche dans le domaine de la perspective mise au point par le peintre, qui a représenté les lignes de fuite du pavement devant les trônes, et la solidité physique des personnages, prémisses fondamentales de la peinture de la Renaissance, mais aussi la figure du cardinal Jacopo degli Stefaneschi qui, présenté par saint Georges, offre le polyptyque à saint Pierre.

L'art florentin entre le XIVe et le XVe siècle domine les murs de la Salle III, où nous pouvons admirer les œuvres d'artistes célèbres de l'histoire de la peinture italienne, comme Fra Angelico, Benozzo Gozzoli, Filippo Lippi. Le fond doré de la période précédente tend à disparaître pour laisser place à des paysages naturels où les protagonistes participent à la scène et se déplacent avec des attitudes tout à fait normales.

Fra Angelico, *Histoires de saint Nicolas de Bari* :
Naissance de saint Nicolas, Vocation, Don aux trois jeunes filles pauvres ;
Rencontre de saint Nicolas avec l'Envoyé impérial, Saint Nicolas sauve un chargement de blé pour la ville de Mira, Sauvetage miraculeux d'un bateau
compartiments
détrempe sur bois
vers 1437

Filippo Lippi, *Couronnement de la Vierge, anges, saints et donateurs*
détrempe sur bois
vers 1444

Dans la Salle IV sont exposées des œuvres de Melozzo da Forlì (1438-1494). Il s'agit notamment des fragments de la grande fresque absidiale représentant l'*Ascension du Christ*, exécutée pour l'église des Saints-Apôtres, à Rome, et de la fresque célébrant le pape Sixte IV qui nomme Platina premier bibliothécaire de la Bibliothèque Vaticane. Remarquons l'extraordinaire perspective du bas vers le haut qui caractérise le rendu des fragments de l'abside et la parfaite représentation en perspective du fond de la fresque avec Sixte IV et Platina.

Melozzo da Forlì, *Ange musicien*
et *Apôtre*
fresque détachée
vers 1480

Melozzo da Forlì, *Sixte IV et Platina*
fresque détachée reportée sur toile
vers 1477

Dans la Salle V, consacrée à la peinture italienne du XVe siècle, la prédelle due à Ercole de' Roberti est particulièrement significative : conformément au goût pour l'art antique qui était très répandu à cette époque-là, les scènes se déroulent dans des décors complexes riches en architectures classiques en ruines. Tous ces éléments sont réélaborés selon une vision fantastique, où le paysage et l'œuvre de l'homme se fondent en un tout irréel.

Ercole de' Roberti, *Miracles de saint Vincent Ferrer* :
Guérison d'une estropiée, Résurrection d'une riche juive, Miracle de l'enfant sauvé des flammes, Résurrection d'un enfant tué par sa mère devenue folle, Guérison d'un blessé à une jambe
prédelle du *Polyptyque Griffoni*
détrempe sur bois
1473

Dans la Salle VI sont exposés des polyptyques monumentaux du XVe siècle qui sont le témoignage direct de la dévotion religieuse de l'époque. Parmi ces œuvres, signalons pour son caractère incisif la *Vierge à l'Enfant* de Carlo Crivelli, une œuvre signée et datée (1482).

Carlo Crivelli, *Vierge à l'Enfant*
détrempe sur bois
1482

La Salle VII accueille des œuvres de l'école ombrienne, parmi lesquelles il faut rappeler la douce *Vierge à l'Enfant en compagnie de quatre saints*. Il s'agit des saints Ercolano, Costanzo, Laurent et Ludovic de Toulouse ; la scène est insérée dans une architecture extraordinaire avec un trône monumental qui se trouve au centre du tableau à la base duquel on peut voir la signature de l'artiste.

Le Pérugin, *Vierge à l'Enfant en compagnie de quatre saints*
détrempe sur bois
1496

Aux murs de la Salle VIII sont exposées des œuvres du grand Raphaël Sanzio. Outre les magnifiques retables, remarquons les tapisseries de la série dite Vieille École, réalisées d'après des cartons de Raphaël avec des épisodes de la vie de saint Pierre et de saint Paul. C'est Léon X qui, en 1515, commanda ces tapisseries à cet artiste afin de décorer les parois latérales de la Chapelle Sixtine.

Raphaël, *Couronnement de la Vierge (Retable Oddi)*
détrempe sur bois reportée sur toile
1502-1504

C'est une œuvre de jeunesse de Raphaël dans laquelle la scène se déroule sur deux registres : en bas les Apôtres sont disposés autour du tombeau vide de la Vierge et en haut, au-dessus d'un rideau de nuages, le Christ couronne Marie, entourée d'anges musiciens et de chérubins.

Raphaël, *Madone de Foligno*
détrempe sur bois reportée sur toile
1511-1512

Le commanditaire Sigismondo de' Conti est représenté agenouillé et vêtu d'un habit rouge avec saint Jean-Baptiste, saint François et saint Jérôme ; c'est lui qui aurait dû dire pour quelle raison le tableau avait été réalisé, mais il mourut prématurément, c'est pourquoi, au centre, le cartouche tenu par l'ange est resté vide. Les critiques pensent qu'il s'agit d'un ex-voto, car il fait peut-être allusion au danger auquel a échappé le village en arrière-plan : une météorite qui allait tomber sur une des maisons.

Manufacture flamande de Pieter van Aelst d'après des cartons de Raphaël, *La pêche miraculeuse*
tapisserie
1515-1519

Raphaël, *Transfiguration du Christ*
détrempe sur bois
1517-1520

Ce chef-d'œuvre, né peut-être d'une compétition avec Sebastiano del Piombo, montre une iconographie aussi insolite que complexe. Dans la partie supérieure nous pouvons admirer la *Transfiguration du Christ* en présence de Moïse et Élie ; les Apôtres Pierre, Jacques et Jean sont à terre, effrayés par le caractère extraordinaire de l'événement. Dans la partie inférieure, l'artiste a représenté avec beaucoup de hardiesse la guérison d'un enfant possédé dont les yeux sont hagards.

La Salle IX est dominée par le chef-d'œuvre inachevé de Léonard de Vinci, le *Saint Jérôme ;* nous pouvons voir également un autre tableau digne d'intérêt, la *Lamentation sur le Christ mort* de Giovanni Bellini, qui est caractérisé par un silence et une immobilité impalpables, et par une extrême sobriété ; tout cela reflète le style irréfutable de cet artiste vénitien.

Giovanni Bellini, *Lamentation sur le Christ mort avec les saints Nicodème, Joseph d'Arimathie et Marie Madeleine*
huile sur bois
vers 1471-1474

Léonard de Vinci, *Saint Jérôme*
huile sur bois
vers 1482

Le tableau dont nous ignorons les origines est caractérisé par un air de mystère qui est donné aussi par le paysage désertique rocailleux et étrange, fait de rochers pointus aux formes fantastiques, et par la figure évanescente du saint ermite. Saint Jérôme émacié se frappe la poitrine avec une pierre ; son attitude est celle d'un pénitent et, à ses pieds, se trouve le lion auquel, selon la tradition, Jérôme aurait enlevé une épine d'une patte, ce qui lui aurait assuré la fidélité de l'animal.
Grâce à l'inachèvement du tableau, il est possible d'admirer la force du trait du dessin préparatoire de l'artiste.

Dans la Salle X sont exposées des peintures de l'école vénitienne. Les plus importantes sont le grand retable connu sous le nom de *Madone des Frari* de Titien et la belle *Vision de sainte Hélène* de Véronèse.

Titien, *Vierge à l'Enfant et des saints (Madone des Frari)*
huile sur bois reportée sur toile
1533-1535

Bien que privée de la partie supérieure, où se trouvait probablement la colombe de l'Esprit Saint, cette œuvre nous livre toute sa grandeur artistique. Dans le registre supérieur se trouvent la Vierge avec l'Enfant et des anges, qui apparaissent aux saints du registre inférieur : à partir de la gauche, on peut voir l'extraordinaire sainte Catherine, puis les saints Nicolas, Pierre, Antoine, François et Sébastien.

Paul Caliari dit Véronèse, *Vision de sainte Hélène*
huile sur toile
vers 1580

Selon la tradition, sainte Hélène, la mère de l'empereur Constantin, eut une vision qui lui permit de retrouver la Vraie Croix. L'épisode est exprimé par Véronèse sous la forme d'un rêve. La figure de sainte Hélène endormie, la tête appuyée sur une main, permet à l'artiste de s'attarder sur les lignes souples, sur la richesse des brocarts du vêtement ainsi que sur les murs ouvragés. La croix du rêve est introduite à droite par un petit ange.

La Salle XI abrite des tableaux de la seconde moitié du XVIe siècle italien. Il ne faut pas manquer les toiles représentant le *Repos de la Sainte Famille* et l'*Annonciation* du Baroche (Federico Barocci), d'où se dégagent à la fois une harmonie, une spontanéité et une grande tranquillité. Remarquons comment, dans la première toile, toute allusion au caractère dramatique de la fuite en Égypte est tempérée par l'intimité de la famille qui est l'abri, à l'orée d'une vallée, et qui profite des fruits que la providence a mis sur son chemin.

Baroche, *Repos de la Sainte Famille (Madone des cerises)*
huile sur toile
1570-1573

Jacopo Zucchi, *Le miracle de la neige*
huile sur bois
vers 1573-1575

La Salle XII est consacrée au grand artiste Caravage et aux peintres du début du XVIIe siècle qui ont été fortement influencés par ce dernier, avec la recherche d'un nouveau réalisme et de nouvelles hardiesses dans la perspective. Remarquons non seulement le chef-d'œuvre du Maître, la *Descente de croix*, mais aussi *La Crucifixion de saint Pierre* et *Saint Matthieu et l'ange* de Guido Reni, la *Communion de saint Jérôme* du Dominiquin et la *Sainte Marie Madeleine pénitente* du Guerchin.

Caravage, *Descente de croix*
huile sur toile
1600-1604

C'est une œuvre révolutionnaire du point de vue iconographique : elle est dominée par l'usage savant d'une lumière sculpturale et représente avec beaucoup de réalisme un moment qui se situe en réalité entre la déposition du corps du Christ et la fermeture du tombeau. Le caractère tragique et dramatique du moment est éclairé par le grand message théologique de la Résurrection : le suaire blanc jette une lumière d'espoir impénétrable qui brise l'obscurité de l'arrière-plan et de la mort ; de même l'arête de la pierre tombale ne peut que rappeler les paroles de l'Évangile : « La pierre écartée par les constructeurs est devenue pierre angulaire ».

Le Dominiquin, *Communion de saint Jérôme*
huile sur toile
1614

Guerchin, *Sainte Marie Madeleine pénitente*
huile sur toile
1622

Guido Reni, *Saint Matthieu et l’ange*
huile sur toile
1635-1640

Les œuvres qui sont exposées dans la Salle XIII datent du XVIIe siècle. Les peintures de Pierre de Cortone sont particulièrement intéressantes ; rappelons la célèbre *Vision de saint François*, qui est une copie aux dimensions un peu réduites du retable exécuté pour l'église de l'Annunziata à Arezzo. Le réalisme cruel de *Judith et la servante portant la tête d'Holopherne* d'Orazio Gentileschi est particulièrement frappant.

Orazio Gentileschi, *Judith et la servante portant la tête d'Holopherne*
huile sur toile
1611-1612

Pierre de Cortone, *Vision de saint François*
huile sur toile
vers 1641

La Salle XIII accueille des tableaux des XVIIe et XVIIIe siècles provenant de différentes écoles européennes. Remarquons les très intéressantes Natures mortes attribuées à Pietro Navarra.

Pietro Navarra (?), *Nature morte*
huile sur toile

Différents portraits officiels caractérisent les œuvres de la Salle XV : parmi eux il faut citer le *Portrait de Pie VI* de Pompeo Batoni, ou le *Portrait de Georges IV d'Angleterre* de Thomas Lawrence et le beau *Portrait de Clément IX* de Carlo Maratta, qui prouve une recherche psychologique très particulière de la part de l'artiste. Enfin, la série des *Observations astronomiques* de Donato Creti est particulièrement intéressante.

Pompeo Batoni, *Portrait de Pie VI*
huile sur toile
1775

Carlo Maratta, *Portrait de Clément IX*
huile sur toile
1669

Donato Creti, *Observations astronomiques*
huile sur toile
1711

La Salle XVI est consacrée au peintre de Bohême Wenzel Peter, spécialiste de représentations d'animaux ; elle est dominée par de grandes toiles avec des combats d'animaux sauvages et surtout par l'extraordinaire représentation d'*Adam et Ève au Paradis terrestre*, un chef-d'œuvre de ce peintre. Celui-ci a représenté 240 animaux et des arbres innombrables, démontrant ainsi une profonde connaissance du monde animal et végétal.

Wenzel Peter, *Combat entre un lion et un tigre*
huile sur toile

Wenzel Peter, *Adam et Ève au Paradis terrestre*
huile sur toile

La Cour de la Pigne

En 1506, au sein d'un vaste projet de réorganisation du Vatican, le pape Jules II confia à Bramante l'aménagement de la pente entre le Petit Palais du Belvédère d'Innocent VIII, utilisé comme résidence d'été, et les Palais du Vatican, plus près du Tibre. L'architecte projeta alors deux longs bras parallèles de liaison sur plusieurs étages et l'aménagement de la pente avec de grandes rampes de jonction, par un bras transversal conçu par Carlo Fontana pour accueillir la Bibliothèque Vaticane ; par la suite, l'espace fut encore réduit vers le Nord avec la construction d'un édifice transversal qui prit le nom de 'Braccio Nuovo', lequel devait accueillir une collection de sculptures de l'époque classique. Les trois cours ainsi créées sont la Cour de la Pigne, la Cour de la Bibliothèque et la Cour du Belvédère.

La Cour de la Pigne qui est la seule à laquelle les visiteurs des Musées peuvent accéder, doit son nom à la grande pigne en bronze qui y est placée ; à l'origine cette pomme de pin faisait partie d'une fontaine monumentale d'époque romaine et fut transportée au Moyen Âge à l'intérieur du quadriportique devant la basilique de Constantin. C'est dans cette cour qu'elle fut installée en 1608, à cause des travaux d'agrandissement de la nouvelle basilique.

Au centre de la cour, remarquons la sculpture *Sphère avec sphère* (1990) d'Arnaldo Pomodoro et, vers le Sud, à l'intersection avec le Braccio Nuovo, la Tour des Vents.

Arnaldo Pomodoro
Sphère avec sphère
bronze
1990

Le Musée Chiaramonti et la Galerie Lapidaire

Le Musée Chiaramonti expose dans l'ancienne galerie de Bramante une riche collection de sculptures d'époque romaine qui se trouvent ici grâce au pape Pie VII (de la famille Chiaramonti), qui en confia la direction à Antonio Canova, Inspecteur Général des Antiquités et des Arts des États Pontificaux. Ce couloir monumental accueille des centaines de sculptures, dont un grand nombre sont d'authentiques chefs-d'œuvre de l'art antique ; parmi celles-ci, rappelons *Ganymède enlevé par l'aigle*, la tête monumentale d'*Athéna*, une copie romaine peut-être de l'*Athena Pròmachos* de Phidias.
Au-delà du Musée Chiaramonti se trouve la Galerie Lapidaire, qui accueille l'une des plus importantes collections au monde d'inscriptions latines et grecques, collection qui fut commencée par le pape Benoît XIV.

72 *Buste de Cicéron*
c'est probablement une copie datant de l'époque de Trajan d'un personnage connu de la fin de la République que l'on a identifié avec Marcus Tullius Cicéron (106-43 av. J.-C.)
Paroi XI

Statue d'Hercule avec Télèphe
copie de l'époque de Trajan d'un original grec (fin période hellénistique)
Paroi IX

Le 'Braccio Nuovo'

Pour donner plus d'ampleur au Musée Chiaramonti, en 1806, le pape Pie VII fit construire ce qu'il est convenu d'appeler le 'Braccio Nuovo', conçu d'après un projet de l'architecte Raffaele Stern. C'est là que se trouvent des chefs-d'œuvre incontestables de la statuaire romaine antique.

Parmi les œuvres les plus importantes qui sont exposées ici, signalons la très belle statue d'*Auguste de 'Prima Porta'* : il s'agit du très célèbre portrait du premier empereur de Rome avec une cuirasse 'lorica' (utilisée dans l'armée romaine) au moment où il s'adresse à ses troupes pour les encourager avant la bataille (l'*adlocutio*) ; puis le *Nil*, monumentale personnification du grand fleuve qui est représenté sous les traits d'un homme barbu à demi allongé, entouré de sphinx et de crocodiles qui font allusion au paysage des rives du fleuve, et d'enfants qui rappellent la fertilité ; signalons aussi la copie romaine du *Doryphore* de Polyclète (vers 440 av. J.-C.), une œuvre qui, dès l'Antiquité, était considérée à juste titre comme la perfection absolue de la représentation du corps humain.

Auguste de
'Prima Porta'
début du Ier siècle
ap. J.-C.

Silène
copie romaine du milieu du IIe siècle ap. J.-C. d'un original grec de Lysippe vers 300 av. J.-C.

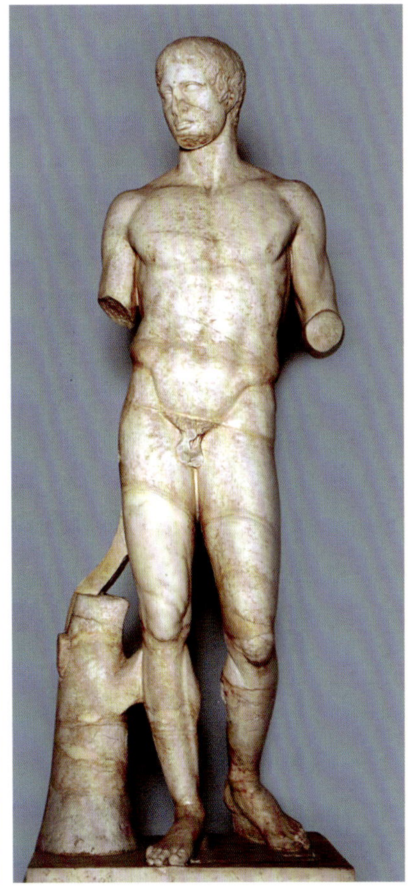

Doryphore
copie romaine d'un original grec en bronze de Polyclète de 440 av. J.-C.

Statue du Nil
Ier siècle ap. J.-C.
copie d'un original hellénistique du Temple d'Isis et Sérapis à Rome

Le Musée Pio-Clementino

La partie la plus ancienne et la plus suggestive de l'ensemble des Musées du Vatican se trouve à l'intérieur du Musée Pio-Clementino, ainsi qu'à l'intérieur de la Cour Octogonale (Cortile ottogonale), écrin où sont exposées les premières statues antiques telles que l'*Apollon* et le *Laocoon*, que le pape Jules II a collectionnées.
Ce sont les papes Clément XIV et Pie VI qui ont réorganisé le musée à la fin du XVIIIe siècle, et qui ont voulu que les statues soient placées dans des décors architecturaux à la fois classiques et très suggestifs ; ce sont de très belles salles où l'on peut admirer des chefs-d'œuvre connus dans le monde entier comme l'*Apoxyomène*, la *Venus Felix*, la Salle des Animaux, un véritable 'zoo' de pierre, l'*Ariane endormie*, et le célèbre *Torse du Belvédère* qui fascina tellement Michel-Ange.

Venus Felix
copie romaine du IIe siècle ap. J.-C.
de la *Vénus de Cnide* de Praxitèle
du IVe siècle av. J.-C.
Cour Octogonale

Apoxyomène
copie romaine du Ier siècle d'un original grec en bronze du IVe siècle av. J.-C.
Cour Octogonale, Cabinet de l'Apoxyomène

Laocoon
Ier siècle ap. J.-C. d'un original grec en bronze du IIe siècle av. J.-C.
Cour Octogonale, Cabinet de Laocoon

Apollon du Belvédère
copie romaine du IIe siècle ap. J.-C. d'un original grec du IVe siècle av. J.-C.
Cour Octogonale, Cabinet d'Apollon

Galerie des Statues

Ariane endormie
copie romaine
du IIe siècle ap. J.-C.
d'un original
du IIe siècle av. J.-C.
Galerie des Statues

Torse du Belvédère
Ier siècle av. J.-C.
Salle des Muses

Salle Ronde

Salle en Croix Grecque

Le Musée Égyptien (Il Museo Gregoriano Egizio)

La collection de pièces égyptiennes fut installée par Luigi Maria Ungarelli, un père barnabite égyptologue ; il décida également la décoration des salles avec des rappels explicites à l'art de l'ancienne Égypte, avec des colonnes en fleur de lotus, des yeux du dieu Râ et les ailes déployées du dieu Horus.

La collection était constituée par des exemplaires de l'art statuaire pharaonien déjà rapportés à l'époque de la Rome antique, ou achetés ultérieurement, voire légués par des donations. Le Musée fut inauguré en 1839 durant le pontificat de Grégoire XVI.

Parmi les œuvres les plus significatives, rappelons le fragment sculpté avec *Ramsès II*, les sarcophages, les deux momies, la collection de vases canopes, et enfin les statues colossales de divinités égyptiennes et de la reine Touya, femme de Sethi Ier et mère de Ramsès II.

La dernière partie du musée est consacrée à la culture mésopotamienne : on peut voir des tablettes cunéiformes, des sceaux et des timbres royaux, ainsi que des fragments de reliefs illustrant des scènes de bataille.

Stèle commémorative d'Hatchepsout et Touthmosis III
provenant de Thèbes
XVIIIᵉ dynastie, vers 1460 av. J.-C.
Salle I

Statue de la reine Touya
provenant de Thèbes
XIXᵉ dynastie, 1291-1185 av. J.-C.
Hémicycle

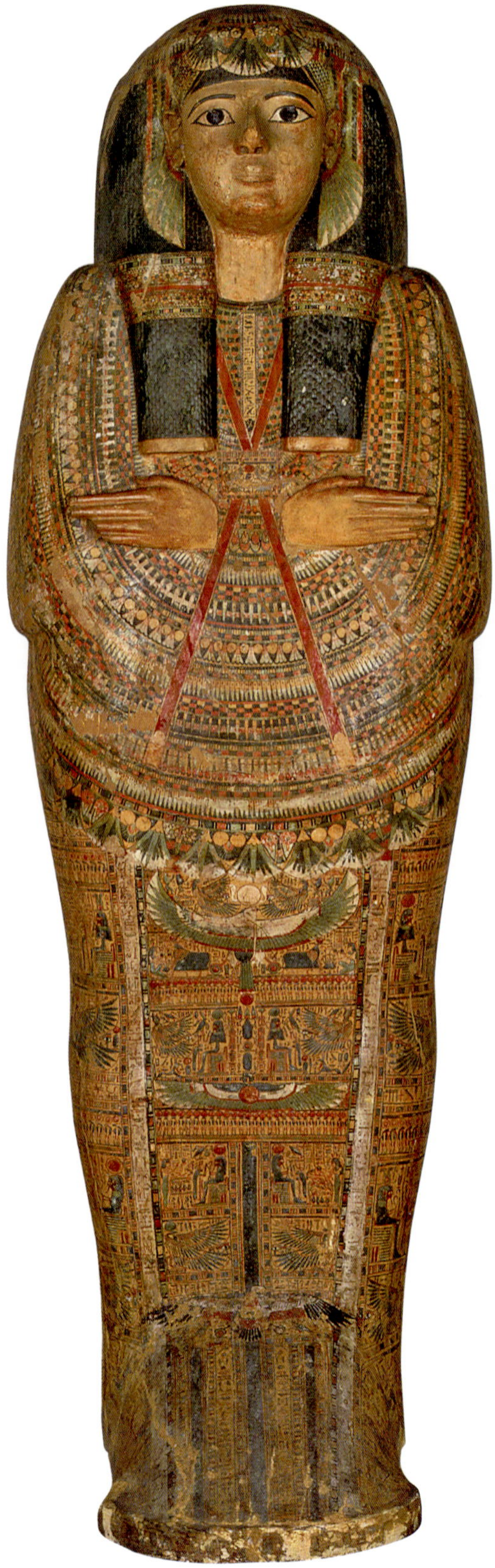

Sarcophage de Djet-Mout
provenant de Thèbes
XXIe dynastie,
1000 av. J.-C., Salle II

Le Musée Étrusque (Il Museo Gregoriano Etrusco)

Les collections du Musée Étrusque ont été constituées après l'achat des objets découverts lors des campagnes de fouilles florissantes qui ont été menées dans les territoires étrusques faisant partie, à l'époque, des États Pontificaux ; c'est en 1837, sous le pontificat de Grégoire XVI, qu'elles ont été installées dans ces salles.

Elles reflètent la production artistique et artisanale de toute l'histoire étrusque, depuis la première période villanovienne (X^{e}-IXe siècle av J.-C.) jusqu'à l'annexion de l'Étrurie à Rome. Le matériel intact trouvé dans la tombe Regolini-Galassi – découverte à Cerveteri en 1836 – est particulièrement intéressant ainsi que le *Mars de Todi*, une célèbre sculpture en bronze s'inspirant de la statuaire grecque. Nous poursuivons notre parcours avec un *antiquarium* d'objets romains, sélectionnés parmi les collections qui, à l'origine, étaient considérées comme étant étrusques, puis la visite s'achève par une riche collection de céramiques peintes. Parmi les chefs-d'œuvre, signalons l'amphore attique à figures noires signée par le célèbre peintre Exekias et qui représente Achille et Ajax en train de jouer aux dés.

Fibule en or
mlieu du VIIe siècle av. J.-C.
Salle II

Urne 'Calabresi' (urne cinéraire avec un couvercle en forme de maison)
seconde moitié du VIIe siècle av. J.-C.
Salle II

Exekias, *Amphore attique à figures noires*
540-530 av. J.-C.
Salle XIX

Mars de Todi
bronze, fin du
Ve siècle av. J.-C.
Salle III

La Salle du Bige

Située au-dessus du hall des Quatre Grilles, elle fut commencée en 1786 par Giuseppe Camporesi, selon le style de l'architecture classique.

Au centre de la salle, sous un plafond à caissons, se dresse le *Bige* en marbre, qui remonte au Ier siècle ap. J.-C. : c'est Francesco Antonio Franzoni qui a complété la sculpture au XVIIIe siècle en ajoutant un des chevaux, les roues et le timon au moment où le bige a été placé dans le musée. Sont exposées également des sculptures classiques, des copies romaines d'originaux grecs de bonne facture. Rappelons notamment le *Dionysos 'Sardanapale'*, une copie romaine d'un original grec de l'école de Praxitèle (fin IVe siècle av. J.-C.) et une copie en marbre de l'époque de Trajan du *Discobole* en bronze de Myron (vers 460 av. J.-C.).

Bige tiré par deux chevaux
art romain
Ier siècle ap. J.-C.

La Galerie des Candélabres

Initialement ouverte, cette loggia a été fermée sur décision de Pie VI d'après un projet de Michelangelo Simonetti. Elle accueille de nombreuses sculptures classiques gréco-romaines. Elle doit son nom aux candélabres en marbre qui sont placés au début de chaque travée de la galerie.

La Galerie des Tapisseries

Mort de César
Manufacture flamande de Pieter van Aelst, Bruxelles, 1549

Elle a été conçue comme une galerie de tableaux, et depuis 1838 c'est là qu'est exposée la série de tapisseries dites de la *Nouvelle École*, pour les distinguer de celles de la *Vieille École*, c'est-à-dire de l'époque de Léon X, qui avaient été réalisées d'après des dessins de Raphaël pour la Chapelle Sixtine. Les tapisseries de la *Nouvelle École* furent elles aussi exécutées à Bruxelles, à l'époque de Clément VII, d'après des cartons fournis par les élèves de Raphaël : elles représentent des *Épisodes de la vie de Jésus*, depuis la *Nativité* à la *Cène à Emmaüs*. On peut voir également les tapisseries de la série de la *Vie d'Urbain VIII*.

La Galerie des Cartes géographiques

Cette longue galerie est due au pape Grégoire XIII qui en confia la réalisation (1578-1580) à l'architecte Ottaviano Mascherino. L'ambitieux programme décoratif fut achevé sous la coordination de Girolamo Muziano et Cesare Nebbia.

Aux parois on peut admirer quarante cartes géographiques qui représentent les régions de l'Italie, du Nord au Sud. D'un côté se trouvent celles qui sont bordées par les Mers Tyrrhénienne et Ligure, de l'autre celles bordées par l'Adriatique et celles situées au pied de l'arc alpin. Elles furent réalisées d'après des dessins d'Ignazio Danti, l'un des plus grands cosmographes de l'époque. Outre la représentation géopolitique des terres, on a illustré des événements historiques importants dont les lieux ou les villes furent le théâtre. De même, les panneaux de la voûte racontent des faits marquants de l'histoire de l'Église qui peuvent être mis en relation avec les régions correspondantes.

Théodoric est précipité en Enfer, voûte de la Galerie

Ignazio Danti
Italia antiqua

Latium et Sabina (Latium du Sud), détail : Rome

La Salle Sobieski et la Salle de l'Immaculée

La Salle Sobieski doit son nom au grand tableau qui représente le roi de Pologne Jean III Sobieski battant les Turcs à Vienne, en 1683, et qui a été peint par Jan Matejko (1838-1893).
Toute proche, la Salle de l'Immaculée, à l'intérieur de la Tour Borgia, a été décorée par le peintre Francesco Podesti sur les ordres du pape Pie IX en 1858, afin de célébrer la proclamation du dogme de l'Immaculée Conception de Marie, qui eut lieu le 8 décembre 1854.
Les grandes fresques représentent la *Proclamation du dogme de l'Immaculée Conception*, la *Discussion sur l'Immaculée Conception*, le *Couronnement de l'image de l'Immaculée*, et des *Histoires et figures allégoriques*. Au centre de la salle, une très belle vitrine due à la maison Christofle (Paris) abrite le texte de la Bulle du pape ; Bulle traduite dans les langues les plus importantes.

Raphaël
École d'Athènes
et détail : *Platon et Aristote*
1508-1511
Chambre de la Signature

Les Chambres de Raphaël

Les Chambres de Raphaël se trouvent au second étage du Palais Pontifical et correspondent à une partie de l'appartement où Jules II della Rovere, puis Léon X avaient choisi de résider. À l'origine, le pape Jules II avait chargé le Pérugin et Luca Signorelli de décorer de fresques les salles, mais la décoration définitive et la destruction des fresques précédentes furent réalisées par Raphaël et son atelier entre 1508 et 1524.

C'est la Chambre de la Signature (1508-1511) qui fut la première à être décorée ; elle abrite les fresques les plus célèbres de l'artiste d'Urbin. Elle doit son nom au fait qu'elle était le siège de la bibliothèque et du haut tribunal appelé « Signatura Gratiae et Iustitiae ». Le programme iconographique porte sur les concepts suprêmes du Vrai, du Bien, du Juste et du Beau. À travers la Théologie et la Philosophie, le Vrai est exalté (surnaturel dans la *Dispute du Saint-Sacrement*, rationnel dans l'*École d'Athènes*) ; à travers le Droit est célébré le Bien qui se fonde sur la Justice (dans *Les Vertus théologales et cardinales* et dans l'institution des codes fondamentaux, le

TIMEO

Corpus iuris de Justinien, les *Décrétales* du droit canon). Enfin, sous le signe d'Apollon citharède et sous les traits de la Musique et de la Poésie, la paroi avec *Le Parnasse* glorifie le Beau chanté par les grands Poètes anciens et modernes, de Homère à Dante, de Pétrarque à l'Arioste.
La Chambre d'Héliodore était réservée aux audiences privées du Pontife. Le cycle de fresques a donc une connotation qui est à la fois religieuse et politique et dont le but est d'illustrer la protection accordée par Dieu à son Église. Donc dans *Héliodore chassé du Temple*, on montre symboliquement que le patrimoine de saint Pierre est protégé – c'est l'objectif permanent de la politique de Jules II ; dans la *Messe de Bolsène*, la défense de la foi ; dans la *Délivrance de saint Pierre*, la protection accordée par la Providence au Pontife, et dans *Léon le Grand arrête Attila*, la sauvegarde de Rome.
La Chambre de l'Incendie du Borgo servit elle aussi comme siège du plus haut tribunal de la Curie sous le pontificat de Jules II. C'est à cette fonction d'origine que sont liées les fresques de la voûte peintes par le Pérugin. C'est avec Léon X que la chambre devint la salle à manger privée du Pontife et que Raphaël fut chargé de sa décoration. Les fresques illustrent les aspirations politiques de ce pape et l'exaltent par le biais d'histoires tirées de la vie de deux de ses prédécesseurs portant le même nom : Léon III (*Couronnement de Charlemagne* et *Serment de Léon III*) et Léon IV (*Incendie du Borgo* et *Bataille d'Ostie*).

Raphaël
Dispute du Saint-Sacrement
Chambre de la Signature

Raphaël
Le Parnasse
Chambre de la Signature

Raphaël
Délivrance de saint Pierre et détail : *L'Ange dans la prison avec Pierre*
Chambre d'Héliodore

pages suivantes :
Chambre de l'Incendie du Borgo

Enfin la Salle de Constantin, la plus grande de tout l'appartement, a été décorée de fresques par les élèves de Raphaël après sa mort (1520), en partie d'après des dessins du maître. Elle était réservée aux réceptions et aux cérémonies officielles et elle prend le nom de Constantin, le premier empereur romain ayant reconnu officiellement la religion chrétienne et ayant donné la liberté de culte. Le programme iconographique suit les mêmes critères d'exaltation de l'Église présents dans les salles : ici on peut voir la défaite du paganisme et le triomphe de la religion chrétienne (*Apparition de la Croix*, *Bataille du Pont Milvius*, *Baptême de Constantin* et *Donation de Rome*).
Le *Triomphe du Christianisme* est encore plus explicite : il s'agit d'une peinture allégorique de Tommaso Laureti sur la voûte de la salle où au centre, en arrière-plan, un Christ trône sur les morceaux d'une sculpture classique.

CAROLVS MAGNVS
·RO·
ECCLESIAE
·ENSIS·
CLYPEVSQ·

Raphaël
Héliodore chassé du Temple
Chambre d'Héliodore

Raphaël
Incendie du Borgo et détail :
Femmes portant des récipients remplis d'eau
Chambre de l'Incendie du Borgo

La Chapelle Niccoline

Vue du mur d'entrée et du mur Est

Fra Angelico, Voûte de la Chapelle Niccoline avec les *Quatre Évangélistes*

Cette chapelle est un précieux témoignage de l'ancienne décoration du Palais Pontifical à l'époque de Nicolas V ; elle a été édifiée à l'intérieur d'une tour médiévale et fut décorée par Fra Angelico avec l'aide de Benozzo Gozzoli de 1447 à 1450. Elle était destinée à l'usage privé ou semi-privé du pontife et on y accédait par une petite pièce située à côté, que Jules II utilisa comme chambre à coucher (*cubiculum*). La petite chapelle fut décorée de fresques sur des registres superposés avec des cycles hagiographiques retraçant la vie de saint Laurent et de saint Étienne. Des figures de *Docteurs de l'Église* et, à la voûte, celles des *Quatre Évangélistes* complètent la décoration.

Fra Angelico
Prédication de saint Étienne

Fra Angelico
Saint Étienne est conduit au supplice et Lapidation de saint Étienne ;
détail : *Capture du saint*

Les Loges de Raphaël

Il s'agit d'une élégante construction sur plusieurs étages qui donne sur la Cour Saint Damase. Les Loges de Raphaël se trouvent au second étage, toutes proches de la Salle de Constantin et de la Salle des Grisailles (Chiaroscuri) des Chambres de Raphaël. Le projet et le début des travaux furent conduits par Donato Bramante, mais à la mort de l'architecte, en 1514, c'est Raphaël lui-même qui a pris le relais et a continué les décorations illustrant des épisodes de l'Ancien Testament (ce qu'il est convenu d'appeler la « Bible de Raphaël » ; à la même époque ou presque Michel-Ange décorait la voûte de la Chapelle Sixtine. L'exubérance des grotesques qui s'inspirent de la *Domus Aurea* (Maison Dorée) de Néron, est due à la fantaisie de Giovanni da Udine et Perin del Vaga.

L·X·PM
LEO·X·PONT·MAX

112

L'Appartement Borgia

Ce fut la résidence privée du pape Alexandre VI (1492-1503) – de son vrai nom Rodrigo de Borja y Doms. L'appartement fut aménagé au premier étage du Palais Pontifical, sous les Chambres de Raphaël situées à l'étage supérieur.

La décoration fut confiée à Pinturicchio et à son atelier qui, entre 1492 et 1494, réalisèrent un ensemble iconographique d'une extraordinaire et rare complexité, s'inspirant de la richesse chromatique et des innovations antiquisantes de la *Domus Aurea*. Les noms qui ont été donnés aux Salles de l'Appartement Borgia viennent des thèmes des fresques : Salle des Mystères, Salle des Saints, Salle des Arts Libéraux, Salle du Credo et Salle des Sibylles. Cet Appartement Borgia reflète la culture et le goût du pape commanditaire, son intérêt pour la culture de l'Antiquité dont Pinturicchio fut le génial interprète et le divulgateur. Il est probable que derrière le code iconographique compliqué des fresques se trouve l'érudition de Annio di Viterbo, un humaniste cultivé au service du pape.

Salle des Mystères

Pinturicchio et
atelier, *La Voûte*
Salle du Credo

114

Maurice Denis,
Anges, 1901

La Collection d'Art Contemporain

Dans les Salles Borgia est abritée provisoirement une partie de la Collection d'Art Contemporain. Inaugurée par Paul VI en 1973, cette riche collection est répartie dans cinquante-cinq salles des Musées du Vatican ; un parcours qui va des appartements d'Innocent III, de Sixte Quint, d'Alexandre VI Borgia jusqu'au seuil de la Chapelle Sixtine. Elle compte environ sept cents œuvres (tableaux, dessins et sculptures). Les artistes sont au nombre de deux cent soixante-dix ou presque : parmi eux citons Vincent van Gogh, Auguste Rodin, Paul Gauguin, Wassily Kandinsky, Marc Chagall, Paul Klee, Giorgio de Chirico, Giorgio Morandi, Renato Guttuso, Pablo Picasso, Salvador Dalí, Giacomo Manzù; une collection d'œuvres d'art du XIXe et du XXe siècle sans égale en Italie.

Vincent van Gogh, *Pietà*, vers 1890

La Chapelle Sixtine

La Chapelle, dont l'origine est médiévale, fut agrandie entre 1477 et 1481 sur les ordres de Sixte IV della Rovere selon des dimensions identiques à celles du Temple de Jérusalem et avec des créneaux à l'extérieur.
Le projet décoratif de l'intérieur est l'un des cycles de peinture sacrée les plus complexes et les plus intenses, le fruit de réflexions théologiques approfondies. Il faut le lire comme un tout, bien qu'il soit le fruit d'artistes d'époques différentes ; il raconte le grand pari de Dieu sur l'humanité et son message sauveur à travers les siècles : depuis la création de la Genèse et le pacte établi avec le peuple d'Israël, à la nouvelle alliance sanctionnée par la venue et le sacrifice du Christ. En dernier, la page sublime du *Jugement dernier* de Michel-Ange préfigure le dernier retour du Christ, lorsque l'humanité sera jugée, avant d'accéder à la vie éternelle.

La décoration du XVe siècle des parois a été exécutée par des artistes de la Renaissance entre 1481 et 1483 et comprend les fausses draperies, la *Vie de Moïse*, la *Vie du Christ* et en haut les portraits des *Pontifes*. La clôture du chœur et la tribune des chantres, dues à Mino da Fiesole, remontent à cette époque.
En 1508, le pape Jules II della Rovere confia à Michel-Ange Buonarroti le soin de décorer de fresques la voûte avec un nouveau cycle s'inspirant des *Épisodes de la Genèse :* depuis la Création au Péché originel, depuis le Déluge à la Renaissance du genre humain avec la famille de Noé. Dans les espaces entre les voûtains, Michel-Ange peignit cinq Sibylles et sept Prophètes, dans les voûtains et dans les lunettes sont représentés les Ancêtres du Christ et dans les quatre pendentifs des épisodes de l'Ancien Testament. Cette œuvre démesurée fut inaugurée par Jules II en1512, le jour de la Toussaint, suscitant un très grand émerveillement.
Sous le pontificat de Clément VII de Médicis, on commença à penser à un *Jugement dernier* monumental pour décorer la paroi de l'autel. C'est encore le génie de Michel-Ange qui mena à terme cette œuvre, en réalisant un chef-d'œuvre visionnaire et bouleversant. Il fallut détruire les fresques qui occupaient la grande paroi comme l'*Assomption de la Vierge* du Pérugin, la série des premiers papes ainsi que les *Ancêtres du Christ* dans les lunettes de la main de Michel-Ange lui-même ; ce dernier y a travaillé de 1536 à 1541.
La dernière campagne de restaurations de tout le cycle de Michel-Ange a duré en tout vingt ans (1979-1999), et a permis de restituer une palette de couleurs aussi extraordinaire qu'inattendue.
La Chapelle Sixtine est connue dans le monde entier car c'est là que se réunit le conclave pour élire le pape.

Les cycles de fresques du XVe siècle

À partir de 1481 Sixte IV fit appel à d'illustres peintres pour travailler au cœur de la chrétienté : le Pérugin, Sandro Botticelli, Cosimo Rosselli, Bartolomeo della Gatta, Luca Signorelli, avec leurs élèves, devinrent les auteurs d'un grandiose projet décoratif dont le but était l'exaltation de l'Église et du message sauveur du Christ.

Il fut décidé de décorer le registre médian des parois de la Chapelle Sixtine avec deux cycles illustrant la vie de Moïse et du Christ pour donner une forme et une image tangible à la fidélité de Dieu à l'égard de l'humanité, tout d'abord avec le peuple d'Israël, puis avec l'Église du Christ. Il y eut naturellement une logique inflexible dans le choix des épisodes et une correspondance raffinée : Moïse et le Christ, l'ancienne et la nouvelle Loi.

Les épisodes commencent par la paroi de l'autel avec les panneaux qui représentaient *Moïse sauvé des eaux* et la *Nativité* mais ils ont disparu lorsque fut réalisé le *Jugement dernier* de Michel-Ange. Sur la paroi en face, la *Dispute sur le corps de Moïse* et la *Résurrection du Christ* ont été détruites du fait de l'affaissement de l'architrave du portail de la chapelle et, à l'époque maniériste, elles ont été repeintes respectivement par Matteo da Lecce et Hendrick van den Broeck.

Pour la réalisation de ce vaste projet décoratif, des règles iconographiques précises furent établies auxquelles les artistes devaient se tenir afin de garantir une homogénéité parfaite de paysage, de gradation de couleurs et afin de reconnaître les personnages-clés, tout en respectant les choix et les styles de chaque artiste. Dans le registre inférieur furent peintes de fausses draperies, tandis qu'en haut, sur les parois entre les fenêtres, on exécuta une galerie des vingt-huit papes successeurs de saint Pierre.

Fausses draperies peintes sur les murs

Le Pérugin, *Moïse en Égypte*

Sandro Botticelli, *Épisodes de la vie de Moïse*

Le Pérugin, *Baptême du Christ*

Domenico Ghirlandaio, *Vocation des premiers Apôtres* ; détail : *Jeunes gens*

La voûte

La voûte très vaste de la Chapelle Sixtine fut peinte par Michel-Ange Buonarroti de 1508 à 1512, avec une interruption vers le milieu du travail, ce qui permit à l'artiste de corriger de façon adéquate quelques erreurs d'évaluation. Malgré l'expérience que l'artiste avait acquise lorsqu'il était adolescent dans l'atelier des Ghirlandaio à Florence, la difficulté d'organiser un chantier d'une telle ampleur dut lui sembler écrasante. C'est pour cette raison que Michel-Ange essaya de toutes les façons de se soustraire à la tâche, mais le pape Jules II était décidé à parier sur cet artiste débutant, des mains duquel étaient déjà nés des chefs-d'œuvre comme la *Pietà* exécutée à quelques pas de là pour la basilique Saint-Pierre et le très célèbre *David*.

Les fresques de Michel-Ange couvrirent la précédente décoration de la voûte que Piermatteo d'Amelia avait réalisée et qui était faite d'un simple ciel bleu étoilé. À l'intérieur de cadres imposants de fausses architectures en perspective, ce nouveau projet extraordinaire illustre des épisodes de la Genèse dans la partie centrale, des épisodes du Christ sauveur dans les quatre pendentifs des angles, puis la généalogie du Christ dans les lunettes et les grandioses figures assises des Prophètes et des Sibylles.

Les épisodes de la Genèse sont disposés au milieu et représentent *Dieu sépare la lumière des ténèbres*, la *Création du Soleil, de la Lune et des végétaux*, *Dieu sépare les eaux de la terre*, la *Création d'Adam*, la *Création d'Ève*, le *Péché originel* et *Adam et Ève chassés du Paradis terrestre*, le *Sacrifice de Noé*, le *Déluge universel*, l'*Ivresse de Noé*. Dans les pendentifs dans les coins sont illustrés quatre épisodes de l'Ancien Testament où se manifeste l'intervention de Dieu qui sauve le peuple élu d'une menace imminente : le *Serpent d'airain*, *David et Goliath*, *Judith et Holopherne*, la *Punition d'Aman*. Dans les voûtains et les lunettes en dessous sont peints, avec une imagination créatrice extraordinaire, les ancêtres du Christ d'après le texte de l'Évangile de saint Matthieu ; leurs attitudes sont toutes différentes. Cette grandiose représentation s'achève par les figures imposantes des *Prophètes* et des *Sibylles* qui, depuis la tradition hébraïque et la tradition païenne, ont annoncé la venue du Christ sauveur avec leurs prédictions.

Voûte de la
Chapelle Sixtine

Michel-Ange, *Dieu sépare la lumière des ténèbres*

Michel-Ange, *Création du Soleil, de la Lune et des végétaux*

Michel-Ange, *Création d'Adam*
pages suivantes : Michel-Ange, *Péché originel et Adam et Ève chassés du Paradis terrestre*

Michel-Ange, *Déluge universel*

Michel-Ange, *Punition d'Aman*
Michel-Ange, *Serpent d'airain*

pages suivantes : Michel-Ange, *Prophète Jonas*

ONAS

Michel-Ange, *Sibylle de Delphes*

Michel-Ange, *Sibylle de Libye*

ZACHERIAS

Michel-Ange, *Prophète Zacharie*
Michel-Ange, *Prophète Isaïe*

IONAS

Le Jugement dernier

Vingt ans après avoir décoré la voûte, le génie de Michel-Ange allait s'exprimer de nouveau dans toute sa créativité à l'intérieur de la Chapelle Sixtine. Le pape Clément VII lui commanda un *Jugement dernier* pour la paroi de l'autel, mais il ne vit que les premiers dessins et les toutes premières esquisses. Malgré la mort du pontife, le projet continua et Paul III Farnèse confirma la tâche à l'artiste qui, en 1536, se mit à l'œuvre sur les échafaudages et finit l'ouvrage en 1541.
Lorsque la fresque fut découverte, elle suscita un grand émerveillement et la stupeur et bien vite les critiques s'abattirent sur l'artiste. Personne ne doutait de son génie, ni de la qualité artistique de ce chef-d'œuvre incomparable, mais l'exubérance débordante des corps nus, dont beaucoup avaient des attitudes provocantes, déchaîna la colère d'une grande partie de la Curie. Heureusement la fresque ne fut pas détruite mais elle fut retouchée avec les célèbres 'braghettoni', c'est-à-dire les drapés flottants réalisés par Daniele da Volterra qui couvrirent les nudités.
Cette page grandiose se déroule à partir de l'axe central dominé par la figure du Christ Juge debout. À ses côtés la Vierge Marie est assise, craintive ou presque, tandis que tout autour s'élargit à perte de vue la rose blanche des saints du Paradis. En haut, des anges portent les symboles de la Passion dominés par la croix et la colonne ; en bas, sur un nuage, d'autres anges réveillent les morts au son des trompettes. Appelés un par un, les corps se soulèvent, sortent des tombeaux et de terre et montent devant le Juge suprême. Le geste extraordinaire et inoubliable du Christ sanctionne la sentence éternelle : les élus, aidés par les anges et les martyrs montent au Paradis, les damnés sont précipités inexorablement en Enfer, où des démons bourreaux sont prêts à les saisir. Cette page infernale de la fresque, avec la barque de Charon qui fait passer les âmes des damnés et Minos qui les juge selon leurs fautes, est la traduction évidente en images de ce que Dante Alighieri écrivit dans la *Divine Comédie*.

Michel-Ange, *Jugement dernier*, détail : Christ Juge et la Vierge Marie, entourés des saints

Michel-Ange, *Jugement dernier*, lunettes gauche et droite, détail : Anges avec les instruments de la Passion

Michel-Ange, *Jugement dernier*, détail : Anges musiciens et Anges avec le Livre des Élus et le Livre des damnés

Michel-Ange, *Jugement dernier*, détail : Les damnés

pages suivantes : Michel-Ange, *Jugement dernier*, détail : Les portes de l'Enfer avec la barque de Charon, et Minos, juge des Enfers

Les Musées de la Bibliothèque Apostolique Vaticane

La constitution du noyau primitif de cette institution est attribuée traditionnellement à la grande sensibilité humaniste du pape Nicolas V (1447-1455), qui aima s'entourer de lettrés et d'artistes ; parmi eux citons Leon Battista Alberti, Marsile Ficin et Fra Angelico.
La Bibliothèque Vaticane fut instituée en 1475, sous le pontificat de Sixte IV, lorsque Bartolomeo Secchi, dit Platina, fut officiellement nommé Premier préfet de la Bibliothèque.
L'accroissement constant des collections imposa sans cesse des agrandissements : un nouvel édifice fut créé par l'architecte Domenico Fontana qui projeta un bras transversal qui coupait au milieu la Cour du Belvédère. L'axe de la nouvelle construction fut le très beau 'Salone Sistino', conçu comme salle de lecture et de consultation et richement décoré de fresques qui représentent les bibliothèques les plus importantes de l'Antiquité, les conciles de l'Église et des scènes qui exaltent les œuvres du pontificat de Nicolas V.
En raison du développement de la Bibliothèque et, par conséquent, de la nécessité de trouver de nouveaux espaces, on occupa progressivement tout le bras occidental de Bramante, avec la création des Salles Sixtines, des Salles Paoline, de la Galerie d'Urbain VIII, de la Salle Alexandrine et enfin de la Galerie Clémentine, qui sont dotées d'armoires où sont conservées les œuvres d'art parvenues aux Musées de la Bibliothèque au cours des siècles.

Bon Pasteur
vers 300 ap. J.-C.

Le Musée d'art chrétien (Il Museo Pio Cristiano)

Le Musée Pio Cristiano accueille les collections d'antiquités chrétiennes qui étaient exposées au Palais du Latran jusqu'en 1963 et qui, par la suite, furent transférées au Vatican sur décision de Jean XXIII.
Le premier Musée d'art chrétien du Latran fut fondé par Pie XI en 1854, deux ans après l'institution de la Commission d'Archéologie Sacrée qui avait pour tâche de diriger les fouilles dans les catacombes et de protéger la conservation des œuvres ; le musée allait abriter les pièces que l'on ne pouvait pas garder là où elles avaient été découvertes.
Le musée actuel a été aménagé par le père Giuseppe Marchi et Giovanni Battista De Rossi ; parmi les œuvres les plus connues de la collection, signalons la statue du *Bon Pasteur* et le *Sarcophage 'dogmatique'*, qui est décoré sur le devant avec des scènes de l'Ancien et du Nouveau Testament et, dans le registre supérieur, avec des portraits des deux époux auquel le sarcophage était destiné.

Sarcophage des deux frères
Basilique Saint-Paul-hors-les-murs, première moitié du IVe siècle ap. J.-C.

Sarcophage 'dogmatique'
première moitié du IVe siècle ap. J.-C.

Vue de la première salle et, à droite, *Stèle funéraire d'un jeune athlète* original grec, vers 450 av. J.-C.

Le Musée Profane (Il Museo Gregoriano Profano)

Le Musée Profane a été fondé en 1844 sous le pontificat du pape Grégoire XVI (1831-1846) et il a été installé au Palais du Latran ; il a été transféré au Vatican sur les ordres de Jean XXIII et le nouveau musée n'a été ouvert au public que dans les années 1970.
La collection est constituée par des pièces provenant pour la plupart des fouilles et des découvertes faites dans les États Pontificaux ; elle compte des chefs-d'œuvre de l'art grec, des copies et des originaux romains de l'époque impériale qui sont présentés en cinq sections : fragments de sculptures et de reliefs originaux grecs ; copies et créations romaines à partir d'originaux grecs du Ier au IIIe siècle ap. J.-C. ; sculptures romaines du Ier siècle et du début du IIe siècle, surtout des bustes et des autels ; sarcophages avec des figures mythologiques, des festons, des masques, et des scènes de la vie quotidienne, enfin des sculptures romaines du Ier et du IIIe siècle.
Parmi les chefs-d'œuvre rappelons : la *Stèle funéraire d'un jeune athlète*, l'*Autel des Vicomagistres* et la *Niobide Chiaramonti*, qui dérive vraisemblablement du groupe de Scopas ou de Praxitèle.
Dans le Musée on peut admirer également une grande mosaïque avec des athlètes, provenant des Thermes de Caracalla.

Niobide Chiaramonti
à partir d'un original
grec (art classique
finissant), fin du
IIe siècle av. J.-C.

Le Musée Ethnologique des Missions (Il Museo Missionario Etnologico)

Ce Musée a été fondé par Pie XI en 1926 au lendemain de l'Exposition Universelle des Missions qui avait eu lieu à l'occasion de l'Année Sainte 1925. Après avoir été installé au Latran, il fut inauguré en 1973 par Paul VI.

La collection comprend une sélection d'œuvres provenant des cinq continents et compte environ 100.000 objets, parmi lesquels il faut rappeler une armure de samouraï (Japon), le dieu *Rongo* (Océanie), des peintures japonaises, des tissus africains et une divinité précolombienne, le Serpent à plumes ou *Quetzalcoatl* du continent américain.

Pirogue de cérémonie tomkio
Mélanésie,
Îles Salomon
XIXe-XXe siècle

Armure complète de samouraï, Japon fin de la période Edo (1615-1868) - seconde moitié du XIXe siècle

Statue en bois
du dieu Rongo
Polynésie, Îles
Mangarewa
fin du XVIIIe siècle

Le Pavillon des Carrosses

Ce Musée installé à partir de 1968 a été inauguré par Paul VI en 1973. Il abrite dans un grand espace souterrain l'ensemble des chaises à porteurs, des voitures, des berlines et des automobiles utilisées par les pontifes et par les hauts dignitaires de la Curie. Nous pouvons remarquer la Berline de grand luxe, construite pour le pape Léon XII et la voiture Citroën *Lictoria Sex* ainsi que la Mercedes Benz.
Signalons le modèle réduit de la première locomotive à vapeur des 'Ferrovie Italiane' qui a franchi les frontières de l'État du Vatican. La nouvelle Voie ferrée Vaticane fut commencée en 1929 et entra officiellement en fonction en 1934.

Citroën Lictoria Sex
don d'André Citroën à Pie XI en 1930

Modèle de la première locomotive des F.S. italiennes entrée au Vatican
1932

LEO. XII. PONTIFEX. MAXIMVS. FRONTEM. HANC. RENOVAVIT. PONT. AN. I.
PIVS IIII MEDICES MEDIOLANEN PONTIFEX MAXIMVS
INNEMORE PALATII VATICANI PORTICVM
APSIDATAM CVM COLVMNIS NVMIDICIS FONTIBVS
LYMPHAEO IMMINENTEM E REGIONE AREAE
EXTRVXIT ANN SAL MDLXI
PIVS IIII PONTIF MAXIMVS
LYMPHAEVM HOC
CONDIDIT ANTIQVIS QVE
STATVIS EXORNAVIT

LES JARDINS DU VATICAN

Les Jardins du Vatican

Les Jardins du Vatican occupent une grande partie de la superficie de l'État et s'étendent derrière la Basilique Saint-Pierre et derrière le Palais du Gouverneur, depuis les bâtiments des Musées jusqu'au sommet de la Colline du Vatican ; ils sont parsemés de bosquets et d'allées, de sculptures, de grottes artificielles et de fontaines.

à la page 156 :
'Casina' de Pie IV

Fontaine de l'Aquilone

Lieu de loisir et de méditation pour le Pontife, plongés dans le silence et protégés au sein de l'enceinte primitive fortifiée voulue par Léon IV (841-855) et constamment modernisée, les Jardins du Vatican connurent leur plus grand développement du XVIe au XVIIIe siècle, lorsqu'ils

s'enrichirent de splendides parterres géométriques de verdure, d'édifices et de fontaines monumentales.

À l'intérieur des jardins se trouvent d'importantes institutions de l'État comme le Gouvernatorat, le Palais de Justice, l'édifice de la première station émettrice de Radio-Vatican, projetée par Guglielmo Marconi (1931), la Gare et un héliport.

Signalons la *Casina de Pie IV* qui a été commencée en 1558 par Pirro Ligorio et dont la façade présente des stucs remarquables, la *Fontaine de l'Aquilone* realisée par Jan van Santen (Giovanni Vasanzio, 1550-1621) et la *Fontaine du Sacrement*.

Vue des Jardins

LE VATICAN